Lúcia Fidalgo

ilustrações
Fabiana Salomão

Nos sonhos de Quintana

Dados Internacionais de Catalogação na Publicação (CIP)
(Câmara Brasileira do Livro, SP, Brasil)

Fidalgo, Lúcia
  Nos sonhos de Quintana / Lúcia Fidalgo; ilustrações: Fabiana Salomão. – São Paulo: Paulus, 2013. – Coleção Brasileirinhos.

  ISBN 978-85-349-3803-7

  1. Quintana, Mário, 1906-1994 2. Literatura infantojuvenil 3. Poetas - Brasil - Biografia - Literatura infantojuvenil I. Salomão, Fabiana. II. Título. III. Série.

12-07786   CDD-028.5

Índice para catálogo sistemático:
1. Brasil: Poetas: Literatura infantojuvenil 028.5

Direção editorial
Claudiano Avelino dos Santos

Coordenação editorial
Alexandre Carvalho

Revisão
Caio Pereira
Iranildo Bezerra Lopes

Capa e editoração
Marcelo Campanhã

Impressão e acabamento
PAULUS

Seja um leitor preferencial **PAULUS**.
Cadastre-se e receba informações sobre nossos lançamentos e nossas promoções:
paulus.com.br/cadastro
Televendas: **(11) 3789-4000 / 0800 16 40 11**

1ª edição, 2013
1ª reimpressão, 2020

© PAULUS – 2013

Rua Francisco Cruz, 229 • 04117-091 São Paulo (Brasil)
Tel. (11) 5087-3700
paulus.com.br • editorial@paulus.com.br

ISBN 978-85-349-3803-7

Dedico essa história a Bia e
Lorena, filhas do Nelson
e da Simone.

Uma vida não basta ser vivida, ela precisa ser sonhada.
(Mário Quintana)

O peixe morreu afogado.

É quase impossível imaginar isso como verdade, mas essa foi a história que ele escreveu e contou.

Era um menino, nascido Mário, nos braços da mãe que olhava os quintais da vida que começava a construir. Nasceu em uma cidade com nome alegre: Alegrete. Parece palavra construída por poeta, mas é pedaço de terra no Rio Grande do Sul.

O pai, farmacêutico, olhava para o filho e via para ele outro destino. E logo cedo disse para a mulher:

– Vamos ensinar o menino a ler.

E com sete anos o menino lia até jornal com a ajuda dos pais.

Talvez seja por isso que a rua que os olhos do menino Mário viam era a Rua dos Cataventos. Uma rua onde o vento ventava e inventava diferente.

Depois veio a escola da dona Mimi, onde canções eram aprendidas para entender o som das palavras.

A de abóbora
B de balaio
C de caramelo
D de dedal
E de elefante.

Mário era como quem pode crescer, mas não sabe de que jeito. Então cresceu brincando de dizer palavra bonita com rima e poesia. Poesia que para ele era eternidade inteira.

Depois da escola da dona Mimi, vieram outras.

Um dia foi para o colégio militar.

O pai arrumou o menino. A mãe disse para ele:

– Vá com coragem de menino grande e forte que você sabe que é.

Mário abraçou a mãe e o pai. E viu os pés da mãe calçando um sapato florido.

Nos pensamentos do menino sonhador, aquilo era um bom sinal.

Antes de ir embora, ele perguntou:

– Pai, quanto tempo vou ficar por lá?

O pai respondeu:

– Todo o tempo do mundo.

Aquele tempo doeu fundo no menino, e foi a primeira vez que ele começou a perceber o que era o tempo para ele.

Tempo de crescer, de inventar dias melhores como momentos de poesia e poder pensar em inventar o que não estava inventado ainda. E então ele dormiu para ver se assim o tempo parava ali, e quando acordou já estava em novo lugar.

E lá ficou um tempo, mas voltou antes da hora, pois ficou doente.

Chegou a Alegrete, com o batalhão de letras que gostava de dar de presente.

De volta à cidade natal, já não era mais o mesmo. Mas nos olhos do pai e da mãe via o menino que ele foi um dia. O irmão, a irmã, ele, a farmácia do pai. Ali ele foi trabalhar. Mas ele gostava mesmo era de escrever, de dar formas às palavras e vê-las voar e sobrevoar os olhos dos outros.

Mas ele agora era aprendiz de feiticeiro e tinha que ajudar o pai na farmácia.

Um dia a morte fez presença na vida dele.

– Morreu sua mãe.

Ele não entendia bem isso, mas escreveu muito tempo depois...

A morte é a libertação total: a morte é quando a gente pode, afinal, estar deitado de sapatos.

Despediu-se da mãe e um ano depois foi também seu pai.

A vida agora ia ficando com muitas perdas.

Mas o tempo das vitórias também chegava junto com as notícias tristes.

O jornal *Diário de Notícias,* de Porto Alegre, anuncia:

– O vencedor do concurso é o conto "A sétima personagem", de Mário Quintana.

O espelho mágico da vida do Mário revelava que aquele era o primeiro de muitos outros prêmios.

E foram. Mas, antes deles, Mário foi conhecer outro Rio. Não o Rio Grande onde ele habitava, e que já morava nele. Mas o Rio de Janeiro. Entusiasmado ele estava com as ideias de um gaúcho como ele que pensava um Brasil Nacional, bem brasileiro. Entusiasmado com a revolução, foi para o Rio de Janeiro como voluntário do Sétimo Batalhão de Caçadores.

Mas o sonho de fazer revolução logo vira sonho de fazer poesias, antologia poética e escrever sobre pé de pilão, e Mário volta a viver em Porto Alegre, cidade que pelo pedaço da palavra lembra sua Alegrete.

E Mário Querido Quintana recebe homenagem de poetas como ele que dizem com as palavras:

> Meu Quintana, os teus cantares
> Não são, Quintana, cantares:
> São, Quintana, quintanares.
>
> (Manuel Bandeira)

Suas palavras foram ganhando tom doce e sábio. Porém, outras vezes ganharam tom de humor e sarcasmo, para dizer que pouco importava quando seus escritos não eram reconhecidos como bom para ocupar uma cadeira na Academia Brasileira de Letras...

POEMINHA DO CONTRA

Todos estes que aí estão
Atravancando o meu caminho,
Eles passarão...
Eu passarinho!

E assim Mário Quintana, nos seus cantares com palavras estelares, foi criando outras histórias, com porta giratória, sapato amarelo, nariz de vidro, sapato furado, velório sem defunto, baú de espantos, a cor do invisível, Lili inventa o mundo.

Um mundo que para ele durou o tempo das incertezas, da invenção da vida. Vida cheia de preguiça e de luares, cantares e falares seculares.

O relógio do Quintana parou de bater no dia 5 de maio de 1994. Quando ele ainda era um menino de 87 anos e que dizia:

"Amigos, não consultem os relógios quando um dia me for de vossas vidas... Porque o tempo é uma invenção da morte: não o conhece a vida – a verdadeira – em que basta um momento de poesia para nos dar a eternidade inteira".

E foi nesse dia que ele deitou de sapatos.